BIBLE
STORIES FOR CHILDREN IN
GREEK

 www.lingvitokids.com

Η ΙΣΤΟΡΙΑ ΤΗΣ ΔΗΜΙΟΥΡΓΙΑΣ

The Story of Creation

Γένεση 1

Πριν από πολύ καιρό, ο κόσμος δεν είχε μορφή και ήταν άδειος. «Ας γίνει φως». Ο Κύριος μίλησε, και έγινε φως. Αυτό είναι το πρώτο από όλα τα πράγματα που δημιούργησε ο Κύριος για τον κόσμο. Στη συνέχεια, διαχώρισε το φως από το σκοτάδι και διαπίστωσε ότι ήταν καλό.

Τη δεύτερη μέρα, δημιούργησε τον ορίζοντα και ονόμασε το γαλάζιο πάνω από το νερό, ουρανό. Την τρίτη ημέρα, ο Κύριος δημιούργησε τις διάφορες μορφές γης και νερού - τις κοιλάδες, τα βουνά και τους λόφους, μαζί με τους ωκεανούς, τις λίμνες και τα ποτάμια. Στη γη, τοποθέτησε όλα τα όμορφα λουλούδια, τα φυτά και τα δέντρα! Την τέταρτη ημέρα, ο Θεός αποφάσισε να σχεδιάσει τον ουρανό και τοποθέτησε τον Ήλιο,

Genesis 1

A very long time ago, the world had no form and was empty. "Let there be light." The Lord spoke, and there was light. This is the first of all the things that the Lord created for the world. Then, He separated the light from darkness.

On the second day, He created the horizon and called the blueness above the water, the sky. On the third day, the Lord created the different forms of land and water- the valleys, mountain, and hills, along with the oceans, lakes, and rivers. On the land, He placed all the pretty flowers, plants, and trees! On the fourth day,

το φεγγάρι και τα αστέρια που λάμπουν τη νύχτα, και ο κόσμος ήταν όμορφος, αλλά δεν υπήρχαν ακόμα πλάσματα που να ζουν στον κόσμο. Έτσι, την πέμπτη ημέρα, ο Θεός δημιούργησε πλάσματα για να ζουν στη θάλασσα, στον ουρανό και στη στεριά. Την έκτη ημέρα, ο Θεός αποφάσισε να δημιουργήσει ένα ζώο που θα φρόντιζε όλα τα πλάσματα και τον κόσμο που αυτός είχε φτιάξει.

Ο Θεός δημιούργησε τους ανθρώπους κατ' εικόνα και ομοίωσή του και τους εμφύσησε ζωή. Αυτοί ήταν ο Αδάμ και η Εύα. Τέλος, την έβδομη ημέρα, ο Θεός αποφάσισε ότι όλα ήταν τέλεια και κήρυξε την έβδομη ημέρα ως ημέρα ανάπαυσης.

ΜΑΘΗΜΑ:
Ο Κύριος είναι γεμάτος δύναμη και δημιουργικότητα. Δημιούργησε τον κόσμο και αποφάσισε ότι είναι όμορφος και τέλειος, στον οποίο όλα συνεργάζονται. Για αυτό πρέπει να φροντίζουμε αυτόν τον υπέροχο κόσμο που δημιούργησε ο Κύριος.

God decided to create the sky and placed the Sun, the moon, and the stars that sparkle at night, and the world was beautiful, but there were still no creatures living in the world. So, on the fifth day, God made creatures to live in the sea, in the sky, and on land. On the sixth day, God decided to create an animal to take care of all the creatures, and the world that He had made.

God made humans in the image of himself and breathed life into them. This was Adam and Eve. Finally, on the seventh day, God decided that everything was perfect, and declared the seventh day to be a day of rest.

LESSON:
The Lord is full of power and creativity. He created the world and decided that it is beautiful and perfect, where everything works together. That's why we have to take care of this wonderful world that the Lord has created.

ΑΔΑΜ ΚΑΙ ΕΥΑ

Adam and Eve

Γένεση 2-3

Ο Θεός δημιούργησε τον Αδάμ και την Εύα και τους αγάπησε τόσο πολύ που τους τοποθέτησε σε έναν κήπο όπου υπήρχαν όλα τα είδη των δέντρων και των φυτών που πρόσφεραν νόστιμους καρπούς και ήταν όμορφα. Ο Θεός τους είπε ότι μπορούσαν να φάνε οποιονδήποτε καρπό από τα δέντρα του κήπου εκτός από έναν. Δεν πρέπει να φάνε τον καρπό του δέντρου της γνώσης του καλού και του κακού που βρίσκεται στη μέση του κήπου.

Μια μέρα, εμφανίστηκε ένα έξυπνο και πονηρό ζώο που ονομαζόταν φίδι, το οποίο ξεγέλασε την Εύα και την έκανε να φάει τον καρπό από το δέντρο. Η Εύα έφαγε τον καρπό και μοιράστηκε λίγο με τον Αδάμ. Τότε, τα μάτια τους άνοιξαν για όλα τα πράγματα που είναι καλά και κακά. Ο Αδάμ και η Εύα ντράπηκαν που δεν υπάκουσαν τον Θεό, για αυτό κρύφτηκαν από τον Κύριο. Ο Θεός ανακάλυψε τι είχαν κάνει και απογοητεύτηκε και λυπήθηκε. Εξαιτίας αυτού που είχαν κάνει, ο Κύριος έπρεπε να τιμωρήσει το φίδι, τον Αδάμ και την Εύα.

ΜΑΘΗΜΑ:

Ο Κύριος θέλει μόνο το καλύτερο για εμάς. Για αυτό πρέπει να ακούμε και να υπακούμε ό,τι λέει ο Θεός. Αν δεν το κάνουμε, θα ντροπιαστούμε και θα απογοητεύσουμε τον Κύριο και, τότε, θα τιμωρηθούμε.

Genesis 2-3

God created Adam and Eve and loved them so much that He placed them in a garden where all sorts of trees and plants that bore delicious fruit and were beautiful were placed. God told them that they may eat any of the fruits from the trees in the garden except for one. They must not eat the fruit of the tree of the knowledge of good and evil in the middle of the garden.

One day, there was a clever and cunning animal called a serpent, that tricked Eve into eating the fruit from the tree. Eve ate the fruit and shared some with Adam. Then, their eyes were opened to all things good and evil. Adam and Eve were ashamed that they disobeyed God, so they hid from the Lord. God found out about what they had done and was disappointed and sad. Because of what they had done, the Lord had to punish the serpent, Adam, and Eve.

LESSON:

The Lord only wants what is best for us. That's why we should listen and obey to what God says. If we do not, we will become ashamed and disappoint the Lord, and then, we will be punished.

6

Ο ΠΥΡΓΟΣ ΤΗΣ ΒΑΒΕΛ

The Tower of Babel

Γένεση 11

Μετά τον μεγάλο κατακλυσμό κατά τον οποίο έβρεχε επί 40 ημέρες και 40 νύχτες, ο Νώε και η οικογένειά του εγκαταστάθηκαν σε ένα μέρος που ονομαζόταν Βαβυλώνα.

Εδώ στη Βαβυλώνα, μετά από χρόνια και χρόνια, από γενιά σε γενιά, οι άνθρωποι αυξήθηκαν αριθμητικά, όπως ακριβώς ήθελε ο Θεός. Ωστόσο, η υπερηφάνεια των ανθρώπων μεγάλωσε και επιθυμούσαν να είναι κάτι περισσότερο, να είναι ισότιμοι με τον Θεό. Έτσι, αποφάσισαν να χτίσουν έναν πύργο τόσο ψηλό που θα έφτανε μέχρι τον ουρανό και τον Θεό.

Κατά τη διάρκεια αυτής της περιόδου, όλοι μιλούσαν την ίδια γλώσσα και καταλάβαινε ο ένας τον άλλον απόλυτα. Για να τιμωρήσει τον εγωισμό και την αλαζονεία τους, ο Θεός τους χώρισε κάνοντάς τους να μιλούν διαφορετικές γλώσσες. Εξαιτίας αυτού, δεν μπόρεσαν να ολοκληρώσουν τον πύργο και διασκορπίστηκαν σε όλη τη γη.

ΜΑΘΗΜΑ:
Πρέπει να αντιμετωπίζουμε τον Κύριο με σεβασμό και να μην είμαστε υπερήφανοι.

Genesis 11

After the big flood that rained for 40 days and 40 nights, Noah and his family settled in a place called Babylon.

Here in Babylon, after years and years, generation after generation, the people grew in numbers just as God wanted. However, the people's pride grew, and they wanted more - to be God's equal. So, they decided to build a tower so high that it would reach Heaven and God.

During that time, everyone spoke the same language, and understood one another completely. To punish their ego and arrogance, God divided them by making them speak different languages. Because of this, they could not complete the tower and became scattered throughout the earth.

LESSON:
We should treat the Lord with respect and not be prideful.

Η ΙΣΤΟΡΙΑ ΤΟΥ ΜΩΥΣΗ

The Story of Moses

Έξοδος 2-13

Μια μέρα, ενώ ο Μωυσής φρόντιζε τα πρόβατά του, ο Κύριος του εμφανίστηκε με τη μορφή φλεγόμενης βάτου. Από τη φλεγόμενη βάτο, ο Κύριος μίλησε και διέταξε τον Μωυσή να μεταφέρει ένα μήνυμα για Αυτόν. Ο Μωυσής έπρεπε να πάει στην Αίγυπτο και να πει στον Φαραώ να ελευθερώσει τους Εβραίους.

Ο Μωυσής φοβήθηκε να εκτελέσει την εντολή του Κυρίου, επειδή ήταν ένας απλός άνθρωπος. Δεν πίστευε στις ικανότητές του και αμφέβαλλε για τον εαυτό του. Ωστόσο, ο Κύριος του έδειξε ένα μικρό θαύμα, κατά το οποίο, όταν ο Μωυσής πέταξε το ραβδί του στο έδαφος, αυτό έγινε φίδι! Μόλις όμως το σήκωσε ξανά, αυτό έγινε ξανά σε ραβδί. Ο Κύριος υποσχέθηκε στον Μωυσή ότι θα ήταν μαζί του και θα έκανε θαύματα για να βοηθήσει τον Μωυσή να πείσει τον Φαραώ.

Με πίστη, ο Μωυσής πήγε στην Αίγυπτο και κατάφερε να ελευθερώσει τους Εβραίους. Ο Κύριος έστειλε μάλιστα δέκα πληγές στην Αίγυπτο ως προειδοποίηση. Ο Θεός έδωσε επίσης τις Δέκα Εντολές στον Μωυσή καθώς οδηγούσε τον λαό του μέσα από την έρημο.

ΜΑΘΗΜΑ:
Ο Κύριος είναι πιστός απέναντι στις υποσχέσεις και τις αποφάσεις Του. Αν πιστεύει ότι μπορείτε να κάνετε κάτι και σας καλεί να το κάνετε, τότε, αυτό σημαίνει ότι είστε ικανοί και ότι δεν πρέπει να αμφιβάλλετε για τον εαυτό σας. Πιστέψτε και έχετε πίστη και θα μπορέσετε να μετακινήσετε βουνά.

Exodus 2-13

One day, while Moses was tending to his sheep, the Lord appeared to him in the form of a burning bush. From the burning bush, the Lord spoke and commanded Moses to deliver a message for Him. Moses had to go to Egypt and tell the Pharaoh to set the Hebrews free.

Moses was afraid to do the Lord's command because he was just a simple man. He did not believe in his abilities and doubted himself. However, the Lord showed him a small miracle, when Moses threw his staff to the ground, it became a serpent! But once he picked it up again, it turned back into a staff. The Lord promised Moses that He would be with him and perform miracles to help Moses convince the Pharaoh.

With faith, Moses went to Egypt and succeeded in freeing the Hebrews. The Lord even sent ten plagues to Egypt as a warning. God also gave the Ten Commandments to Moses as he was leading his people through the desert.

LESSON:
The Lord is faithful towards His promises and decisions. If He believes that you can do it and calls upon you to do it, then, that means that you are capable and that you should not doubt yourself. Believe and have faith, and you will be able to move mountains.

9

Ο ΝΩΕ ΚΑΙ Η ΚΙΒΩΤΟΣ

Noah and the Ark

Γένεση 6-9

Πριν από πολύ καιρό, υπήρχε ένας άνθρωπος που ονομαζόταν Νώε. Τώρα, ο Νώε είχε μια γυναίκα και τρεις γιους που ονομάζονταν Σημ, Χαμ και Ιάφεθ. Καθένας από τους γιους του είχε από μια γυναίκα, και έτσι η οικογένεια αποτελούταν από οκτώ άτομα.

Μια μέρα, ο Θεός εμφανίστηκε στον Νώε και του είπε να φτιάξει μια κιβωτό. Η κιβωτός ήταν ένα πραγματικά τεράστιο πλοίο. Ο Θεός του είπε να τη φτιάξει τρεις ορόφους ψηλή και να βάλει μέσα δωμάτια για τον Νώε, την οικογένειά του, τα ζώα και την τροφή τους. Ο Θεός είχε δώσει εντολή στον Νώε να βεβαιωθεί ότι κανένα νερό δεν θα μπορούσε να μπει στην κιβωτό, επειδή επρόκειτο να στείλει μια μεγάλη πλημμύρα. Χρειάστηκε πολύς χρόνος για να κατασκευαστεί η κιβωτός λόγω του μεγέθους της, αλλά μετά από πολλά χρόνια προσπάθειας αυτή ολοκληρώθηκε.

Τώρα, ο Θεός είπε στον Νώε να φέρει ζώα στην κιβωτό, ένα ζευγάρι από κάποια ζώα, ένα αρσενικό και ένα θηλυκό. Ενώ για άλλα ζώα και πουλιά, ο Θεός είπε στον Νώε να φέρει επτά από κάθε είδος. Για 40 ημέρες και 40 νύχτες, έβρεχε. Ενώ ο Νώε και η οικογένειά του περίμεναν στην κιβωτό, ο Νώε έστειλε ένα περιστέρι να ψάξει για γη, αλλά δεν μπόρεσε να βρει! Αφού πέρασε μια εβδομάδα, ο Νώε έστειλε και πάλι το περιστέρι, αλλά αυτή τη φορά επέστρεψε με ένα φρέσκο φύλλο ελιάς.

Στη συνέχεια, όταν τελικά βρέθηκαν σε στεριά, ο Νώε βγήκε από την κιβωτό μαζί με τα ζώα που έφερε μαζί του και ο Κύριος έδειξε στον Νώε ένα ουράνιο τόξο. Το ουράνιο τόξο ήταν η υπόσχεση του Θεού στον Νώε ότι δεν θα πλημμύριζε ποτέ ξανά τη γη με τον ίδιο τρόπο.

ΜΑΘΗΜΑ:

Ακόμη και αν κάποια πράγματα δεν βγάζουν νόημα, μην ανησυχείτε. Ο Κύριος είναι πιστός και δίκαιος και ξέρει ότι αυτό που σας ζητάει είναι μόνο για το καλό σας. Εμπιστευτείτε τον Κύριο, και ακριβώς όπως ο Νώε, θα βρεθείτε πάνω στη δική σας κιβωτό, μακριά από τον κίνδυνο.

Genesis 6-9

A very long time ago, there was a man named Noah. He had a wife and three sons who were named Shem, Ham, and Japheth. Each of his sons had a wife, and so there were eight of them in the family.

One day, God came to Noah and told him to build an ark. The ark was a really huge ship. God said to make it three floors high and to put rooms in it for Noah, his family, the animals, and for their food. God had instructed Noah to make sure that no water would be able to enter the ark because He was going to send a great flood. It took a long time to build the ark because of its size, but after many years of effort, it was completed.

Now, God told Noah to bring animals into the ark, a pair of some animals, a male and a female. While for other animals and birds, God told Noah to bring seven of each kind. For 40 days and 40 nights, it rained. While Noah and his family waited on the ark, Noah sent out a dove to look for land, but it could not find any! After a week had passed, Noah once again sent the dove out, but this time, it came back with a fresh olive leaf.

Then, when they finally came across dry land, Noah came out of the ark along with the animals that he brought with him, and the Lord showed Noah a rainbow. The rainbow was God's promise to Noah that He would never flood the earth like that again.

LESSON:

Even if some things do not make sense, do not worry. The Lord is faithful and just, and He knows that what He is asking of you is only for your own good. Trust in the Lord, and just like Noah, you will be aboard your own ark, away from danger.

Ο ΔΑΒΙΔ ΚΑΙ Ο ΓΟΛΙΑΘ

David and Goliath

1 Σαμουήλ 17

Υπήρχε ένας βασιλιάς στο Ισραήλ που ονομαζόταν βασιλιάς Σαούλ. Ο βασιλιάς Σαούλ ήταν ένας υπερήφανος και αλαζόνας άνθρωπος που αμάρτησε ενάντια στον Θεό. Επειδή είχε αμαρτήσει ενάντια στον Κύριο, ο Κύριος τον απέρριψε ως βασιλιά. Τότε, ο Κύριος ζήτησε από τον υπηρέτη του Σαμουήλ να βρει έναν άλλο άνδρα για να γίνει βασιλιάς του Ισραήλ. Ο Σαμουήλ υπάκουσε τον Κύριο και μια μέρα, έπεσε πάνω στο σπίτι ενός άνδρα που ονομαζόταν Ιεσσαί και ο οποίος ήταν πατέρας οκτώ γιων.

Ο Ιεσσαί έδειξε στον Σαμουήλ επτά από τους γιους του. Επτά γιους που είχαν δύναμη και ικανότητα. Ο Κύριος δεν είχε επιλέξει βασιλιά ανάμεσα στους επτά, οπότε, ο Σαμουήλ ρώτησε τον Ιεσσαί αν είχε άλλους γιους, ώσπου τελικά, ο Δαβίδ φάνηκε στον Σαμουήλ. Ο νεότερος γιος του Ιεσσαί, ο Δαβίδ, ήταν απλώς ένας ταπεινός βοσκός και όχι πολεμιστής. Αλλά λόγω της πίστης του Δαβίδ, ο Κύριος επέλεξε να τον χρίσει μελλοντικό βασιλιά του Ισραήλ.

Κατά τη διάρκεια αυτής της περιόδου, γινόταν ένας τεράστιος πόλεμος μεταξύ των Φιλισταίων και των Ισραηλιτών. Ανάμεσα στους Φιλισταίους υπήρχε ένας πανίσχυρος γίγαντας που ονομαζόταν Γολιάθ. Ο Γολιάθ προκάλεσε οποιονδήποτε από το Ισραήλ να προσπαθήσει να τον νικήσει, ωστόσο κανείς δεν τα κατάφερε και ακόμη περισσότεροι φοβήθηκαν. Μια μέρα, ο Δαβίδ άκουσε τους αδελφούς του να μιλούν για την πρόκληση του Γολιάθ. Ο Δαβίδ είχε εμπιστοσύνη στον εαυτό του και έτσι είπε στον βασιλιά Σαούλ ότι θα πολεμούσε τον Γολιάθ. Ο Δαβίδ δεν είχε εμπειρία στην πάλη, αλλά ο βασιλιάς

1 Samuel 17

There used to be a king in Israel named King Saul. King Saul was a prideful and arrogant man who sinned against God. Because he had sinned against the Lord, the Lord rejected him as king. Then, the Lord asked his servant Samuel to find another man to become the king of Israel. Samuel obeyed the Lord and one day, stumbled upon the home of a man named Jesse who fathered eight sons.

Jesse showed Samuel, seven of his sons. Seven sons who had strength and ability. The Lord had not chosen a king among the seven, so, Samuel asked Jesse if he had any other sons, until finally, David was shown to Samuel. Jesse's youngest son, David, was just a humble shepherd, and not a warrior. But because David's faith, the Lord chose to anoint him as the future king of Israel.

During this time, there was a huge war between the Philistines and the Israelites. Among the Philistines, there was a mighty giant named Goliath. Goliath challenged anyone from Israel to try and defeat him, However, none succeeded, and even more were afraid.

One day, David overheard his brothers talking about Goliath's challenge. David was confident in himself, and so he told King Saul that he would fight Goliath. David had no experience fighting, but King Saul agreed to let him take the challenge. David was given armor and weapons. However, because David was not used to wearing armor, he decided to wear his usual clothes and also took his slingshot. With his

Σαούλ συμφώνησε να τον αφήσει να αναλάβει την πρόκληση. Στον Δαβίδ δόθηκαν πανοπλία και όπλα. Ωστόσο, επειδή ο Δαβίδ δεν είχε συνηθίσει να φοράει πανοπλία, αποφάσισε να φορέσει τα συνηθισμένα του ρούχα και μια σφεντόνα. Με την πίστη του στον Κύριο, ο Δαβίδ, επέλεξε μόνο μία πέτρα για να χρησιμοποιήσει τη σφεντόνα του. Ο Δαβίδ χτύπησε τον Γολιάθ στο κεφάλι και ο Γολιάθ νικήθηκε αμέσως. Όταν οι Φιλισταίοι άκουσαν ότι ο πρωταθλητής τους είχε χαθεί, προσπάθησαν να το σκάσουν, αλλά ήταν πολύ αργά. Ο στρατός του Ισραήλ είχε διεκδικήσει τη νίκη του και είχε αιχμαλωτίσει τους Φιλισταίους.

ΜΑΘΗΜΑ:

Παρόλο που βλέπουμε άλλους ανθρώπους να έχουν μυς από ατσάλι και δύναμη δέκα ανδρών, ο Κύριος βλέπει τη δύναμη ενός ανθρώπου με βάση την καρδιά του. Λόγω της πίστης του, ο Δαβίδ κατάφερε να νικήσει τον Γολιάθ με μία μόνο πέτρα. Εφόσον έχουμε πίστη, θα είμαστε επίσης σε θέση να νικήσουμε τους Γολιάθ στη ζωή μας.

faith in the Lord, David, chose only one stone to use with his slingshot. David hit Goliath in the head, and Goliath was defeated instantly. When the Philistines heard that their champion was gone, they tried to run away, but it was too late. The army of Israel had claimed their victory and captured the Philistines.

LESSON:

Even though we see other people having muscles of steel, and the strength of ten men, the Lord sees the strength of a person based on their heart. Because of David's faith, he was able to defeat Goliath with just one stone. As long as we have faith, we will also be able to defeat the Goliaths in our lives.

13

Ο ΔΑΝΙΗΛ ΣΤΗ ΦΩΛΙΑ ΤΟΥ ΛΙΟΝΤΑΡΙΟΥ

Daniel in the Lion's Den

Δανιήλ 6

Στην Ιερουσαλήμ υπήρχε ένας βασιλιάς που ονομαζόταν Δαρείος. Ο Δαρείος είχε πολλούς συμβούλους, και ένας από αυτούς ονομαζόταν Δανιήλ. Ο Δανιήλ ήταν ένας πολύ τίμιος και εργατικός άνθρωπος που πίστευε στον Θεό και ακολουθούσε τις εντολές του Κυρίου. Οι υπόλοιποι σύμβουλοι δεν συμπαθούσαν τον Δανιήλ, για αυτό κατέστρωσαν ένα σχέδιο για να τον ξεφορτωθούν. Συμβούλευσαν τον βασιλιά Δαρείο να φτιάξει έναν νέο νόμο που να επέτρεπε μόνο τη λατρεία του βασιλιά, και όποιος δεν υπάκουε θα τον έριχναν και θα τον τάιζαν στα λιοντάρια.

Ο βασιλιάς Δαρείος άκουσε τη συμβουλή τους και έθεσε σε ισχύ τον νόμο. Ο Δανιήλ κατάλαβε τι σήμαινε αυτός ο νόμος, ωστόσο συνέχισε να είναι πιστός στον Κύριο και προσευχόταν τρεις φορές την ημέρα με τα παράθυρά του ανοιχτά για να τον βλέπουν όλοι. Όταν οι άλλοι σύμβουλοι το είδαν αυτό, τον έφεραν ενώπιον του βασιλιά Δαρείου και ο βασιλιάς στεναχωρήθηκε επειδή συμπαθούσε τον Δανιήλ. Παρ' όλα αυτά, ο βασιλιάς ήξερε ότι δεν μπορούσε να αλλάξει τον νόμο, οπότε έβαλε τον Δανιήλ στον λάκκο του λιονταριού. Ο λάκκος σφραγίστηκε με μια μεγάλη πέτρα. Ο βασιλιάς Δαρείος όμως ανησυχούσε τόσο πολύ για τον Δανιήλ που δεν μπορούσε να κοιμηθεί.

Το επόμενο πρωί, όταν ο βασιλιάς ξύπνησε, έτρεξε γρήγορα στον λάκκο και φώναξε τον Δανιήλ. Αντί να ακούσει τον βρυχηθμό του λιονταριού, άκουσε τη φωνή του Δανιήλ. Ο Δανιήλ είπε στον βασιλιά: «Ο Θεός με έσωσε στέλνοντας έναν άγγελο. Ο άγγελος έκλεισε τα στόματα των λιονταριών και έτσι τα λιοντάρια δεν με πείραξαν καθόλου!» Ο βασιλιάς Δαρείος δέχτηκε με χαρά τον Δανιήλ και τιμώρησε τους κακούς συμβούλους που τον ξεγέλασαν. Ο βασιλιάς τερμάτισε τον νόμο και αποφάσισε να διδάξει στο βασίλειό του για τη δύναμη και την καλοσύνη του Θεού.

ΜΑΘΗΜΑ:
Αν παραμείνουμε πιστοί στον Κύριο, ο Κύριος θα παραμείνει πιστός σε εμάς. Μην χάνετε το θάρρος σας όταν τα πράγματα φαίνεται να πηγαίνουν εναντίον σας. Ο Κύριος δεν αθετεί τις υποσχέσεις του και θα σας σώσει από τα βάθη της απελπισίας και του κινδύνου.

Daniel 6

There used to be a king in Jerusalem named Darius. Darius had many advisors, and one of them was named Daniel. Daniel was a very honest and hardworking man who believed in God and followed the Lord's commands. The other advisors did not like Daniel, so they set up a plan to get rid of him. They advised King Darius to make a new law that only allowed worship of the king, and whoever did not obey would be thrown and fed to the lions.

King Darius listened to their advice and put the law in place. Daniel understood what this law meant, however, he continued being faithful to the Lord and prayed three times a day with his windows open for everyone to see. When the other advisers saw this, they brought him to King Darius, and the king was devastated because he favored Daniel. Nevertheless, the king knew he could not change the law, so he placed Daniel in the lion's den. The den was sealed with a big stone. But King Darius was so worried about Daniel that he could not sleep.

The next morning, when the king woke up, he quickly ran to the den and called out for Daniel. Instead of hearing the lion's roar, he heard Daniel's voice. Daniel told the King, "God saved me by sending an angel. The angel shut the mouths of the lions and so the lions did not hurt me at all!" King Darius happily took Daniel in and punished the evil advisers for tricking him. The king ended the law and decided to teach his kingdom about God's power and goodness.

LESSON:
If we remain faithful to the Lord, the Lord will remain faithful in us. Do not lose heart when things seem to go against you. The Lord does not break his promises, and He will save you from the depths of despair and danger.

Η ΒΑΣΙΛΙΣΣΑ ΕΣΘΗΡ

Queen Esther

Εσθήρ 2-4

Στη χώρα της Περσίας, υπήρχε ένας βασιλιάς που ονομαζόταν Ξέρξης. Ο βασιλιάς Ξέρξης κυβερνούσε πολλές χώρες, μεταξύ των οποίων και τις χώρες των Εβραίων. Τώρα, ο βασιλιάς Ξέρξης έψαχνε για σύζυγο, και μπροστά του βρέθηκαν πολλές ωραίες γυναίκες. Μία από αυτές ήταν μια πολύ όμορφη γυναίκα που ονομαζόταν Εσθήρ. Ο βασιλιάς Ξέρξης και η Εσθήρ ερωτεύτηκαν τελικά και παντρεύτηκαν και έτσι η Εσθήρ έγινε βασίλισσα. Ωστόσο, η Εσθήρ είχε ένα μυστικό. Στην πραγματικότητα ήταν Εβραία!

Οι Πέρσες βασιλείς θεωρούνταν θεοί και εξαιτίας αυτού, ο βασιλιάς Ξέρξης αντιπαθούσε τους Εβραίους. Ο Μορδοχαίος, ο θετός πατέρας της Εσθήρ, ενημέρωσε τη βασίλισσα Εσθήρ ότι το δεξί χέρι του βασιλιά, ο Αμάν, ήθελε να σκοτώσει όλους τους Εβραίους, για αυτό ζήτησε τη βοήθεια της Εσθήρ για να τους σώσει. Η βασίλισσα Εσθήρ φοβήθηκε ότι ο βασιλιάς θα της έκανε κακό αν γνώριζε τις πραγματικές της ρίζες, αλλά πήρε το ρίσκο ούτως ή άλλως και ετοίμασε μια γιορτή. Η Εσθήρ ζήτησε ταπεινά από τον βασιλιά Ξέρξη να λυπηθεί τον λαό της και ο βασιλιάς συμφώνησε με χαρά. Λόγω του ρίσκου της βασίλισσας Εσθήρ, οι Εβραίοι σώθηκαν και ο Αμάν τιμωρήθηκε.

ΜΑΘΗΜΑ:
Λόγω του θάρρους της Εσθήρ, ο Θεός τη χρησιμοποίησε για να σώσει τους Εβραίους. Η ιστορία της Εσθήρ μας διδάσκει να είμαστε γενναίοι. Ακόμα κι αν τα πράγματα φαίνονται πολύ τρομακτικά και επικίνδυνα, όταν αγωνίζεσαι για το σωστό, τότε ο Κύριος θα είναι μαζί σου, ειδικά όταν Του ζητάς βοήθεια.

Esther 2-4

In the land of Persia, there was a king named Xerxes. King Xerxes ruled over many lands including the lands of the Hebrews. Now, King Xerxes was searching for a wife, and set before him, were many fine women. One of them was a very beautiful woman named Esther. King Xerxes and Esther eventually fell in love and married, turning Esther into the Queen. However, Esther had a secret. She was actually a Hebrew!

Persian Kings were seen as Gods, and because of this, King Xerxes disliked the Hebrews. Mordecai, Esther's adopted father, informed Queen Esther that the King's right-hand man, Haman, wanted to kill all the Hebrews, so he asked for Esther's help to save them. Queen Esther was scared that the king would hurt her if he knew her true roots, but she took the risk anyway and prepared a feast. Esther humbly asked King Xerxes to spare her people, and the king gladly agreed. Because of Queen Esther's risk, the Hebrews were saved and Haman was punished.

LESSON:
Because of Esther's courage God used her to save the Jews. Esther's story teaches us to be brave. Even if things seem to be very scary and dangerous, when you fight for what is right, then the Lord will be with you, especially when you ask Him for help.

Η ΓΕΝΝΗΣΗ ΤΟΥ ΙΗΣΟΥ ΧΡΙΣΤΟΥ

The Birth of Jesus Christ

Ματθαίος 1 και Λουκάς 2

Σε μια πόλη που ονομαζόταν Ναζαρέτ, ζούσε μια γυναίκα που ονομαζόταν Μαρία. Η Μαρία ήταν αθώα και αγνή και λάτρευε τον Κύριο. Ήταν έτοιμη να παντρευτεί έναν άνδρα που ονομαζόταν Ιωσήφ.

Μια μέρα, ένας άγγελος του Κυρίου, ο Γαβριήλ, ήρθε να πληροφορήσει τη Μαρία και τον Ιωσήφ ότι η Μαρία είχε επιλεγεί να γεννήσει τον γιο του Θεού. Αποδέχτηκαν την κλήση της Μαρίας και πήγαν στη Βηθλεέμ.

Ωστόσο, όταν έφτασαν στη Βηθλεέμ, δεν υπήρχαν διαθέσιμα δωμάτια ή καταλύματα, οπότε δεν είχαν άλλη επιλογή από το να μείνουν σε έναν στάβλο όπου η Μαρία γέννησε τον Ιησού. Τον τοποθέτησε σε μια φάτνη ως κρεβάτι του. Ακριβώς όπως είχε προφητευτεί, ο Σωτήρας γεννήθηκε στη Βηθλεέμ από παρθένα.

ΜΑΘΗΜΑ:

Αυτή ήταν η ταπεινή αρχή του Ιησού, του γιου του Θεού και του Υιού του Ανθρώπου. Ο Ιησούς δεν γεννήθηκε σε ένα πολυτελές σπίτι με ένα όμορφο κρεβάτι ή μια μαλακή κουβέρτα, αλλά γεννήθηκε σε έναν στάβλο και τοποθετήθηκε σε μια φάτνη. Όλες οι υποσχέσεις του Θεού θα εκπληρωθούν, όπως ακριβώς πραγματοποιήθηκαν οι προφητείες για τη γέννηση του Ιησού.

Matthew 1 and Luke 2

In a town called Nazareth, there was a woman named Mary. Mary was innocent and pure, and she adored the Lord. She was about to marry a man named Joseph.

One day, an angel of the Lord named Gabriel came to inform Mary and Joseph that Mary had been chosen to bear the son of God. They accepted Mary's calling and proceeded to go to Bethlehem.

However, when they reached Bethlehem, there were no rooms or lodges that were available, so they had no choice but to stay in a stable where Mary had Jesus.

She placed him on a manger as his bed. Just as it was prophesized, the Savior was born in Bethlehem from a virgin.

LESSON:

This was the humble beginning of Jesus, the son of God, and the Son of Man. Jesus wasn't born in a luxurious house with a beautiful bed or a soft blanket, but He was born at a stable and was set on a manger. All of God's promises will be fulfilled just as the prophecies of Jesus' birth came to pass.

Η ΙΣΤΟΡΙΑ ΤΟΥ ΙΩΑΝΝΗ ΤΟΥ ΒΑΠΤΙΣΤΗ

The Story of John the Baptist

Λουκάς 3

Υπήρχε μια ηλικιωμένη γυναίκα που ονομαζόταν Ελισάβετ, και παρόλο που ήταν πολύ ασυνήθιστο, έμεινε έγκυος σε μεγάλη ηλικία και έγινε η μητέρα του Ιωάννη του Βαπτιστή. Ένας άγγελος του Κυρίου ήρθε μπροστά στον σύζυγό της, τον Ζαχαρία. Ο άγγελος είπε στον Ζαχαρία ότι ο Ιωάννης θα ήταν ευλογημένος με το Άγιο Πνεύμα από τη στιγμή που θα γεννιόταν και θα έφερε το όνομα «Ιωάννης».

Η Ελισάβετ και ο Ζαχαρίας υπάκουσαν τον Κύριο και έκαναν ό,τι τους είπε ο άγγελος. Ο Ιωάννης μεγάλωσε για να κηρύττει, να διδάσκει και να βαφτίζει ανθρώπους και, με το Άγιο Πνεύμα μέσα του, δίδασκε τους ανθρώπους για τη μετάνοια από τις αμαρτίες τους.

Μια μέρα, ο Ιησούς πήγε στον Ιωάννη και ζήτησε να βαπτιστεί. Τότε ήταν που το φως του Θεού έλαμψε πάνω στον Ιησού με τη μορφή περιστεριού και αντήχησε: «Αυτός είναι ο γιος μου, τον οποίο αγαπώ».

ΜΑΘΗΜΑ:

Όταν υπακούμε και ακολουθούμε τις εντολές του Κυρίου, θα βρούμε γνήσια χαρά και σκοπό.

Luke 3

There was an old woman named Elizabeth, and although it was very unusual, she became pregnant at her old age and became the mother of John the Baptist. An angel of the Lord came to her husband, Zechariah. The angel told Zechariah that John would be blessed with the Holy Spirit from the moment he is born, and was to bear the name "John".

Elizabeth and Zechariah obeyed the Lord and did as the angel told them. John grew up to preach, teach, and baptize people, and with the Holy Spirit in him, he taught the people about repenting from their sins.

One day, Jesus went to John and asked to be baptized. This is when the light of God shined upon Jesus in the form of a dove and echoed "This is My son, whom I love."

LESSON:

When we obey and follow the Lord's commands, we will find genuine joy and purpose.

Ο ΙΗΣΟΥΣ ΤΑΪΖΕΙ 5000

Jesus Feeds 5000

Ιωάννης 6

Μια μέρα, καθώς ο Ιησούς και οι μαθητές του πήγαιναν σε ένα ήσυχο μέρος για να ξεκουραστούν, τους ακολούθησε ένα μεγάλο πλήθος πεζών. Ο Ιησούς είδε τους ανθρώπους και τους συμπόνεσε.

Ο Ιησούς είδε ότι ήταν κουρασμένοι και πεινασμένοι, για αυτό έστειλε τους μαθητές του να ψάξουν για φαγητό εκεί κοντά και αυτοί επέστρεψαν με 2 ψάρια και 5 ψωμιά. Ο Ιησούς ευχαρίστησε για την τροφή και την ύψωσε στον ουρανό. Την ευλόγησε και την έδωσε στους μαθητές για να τη μοιράσουν στο πλήθος.

Από τα 5 ψωμιά και τα δύο ψάρια, όλοι μπόρεσαν να φάνε και τα περισσεύματα ήταν αρκετά για να γεμίσουν δώδεκα καλάθια. Έτσι ο Ιησούς κατάφερε να ταΐσει 5000 ανθρώπους.

ΜΑΘΗΜΑ:
Αυτό δείχνει τη δύναμη και την αγάπη που έχει ο Κύριος για τον λαό Του. Αν είμαστε πρόθυμοι να αφήσουμε τα σχέδια και τις ανησυχίες μας στον Ιησού, όσο λίγα κι αν είναι, Εκείνος θα μπορέσει να κάνει ένα θαύμα.

Mark 6

One day, as Jesus and his disciples were on their way to a quiet place to get some rest, they were followed on foot by a large crowd. Jesus saw the people and had compassion towards them.

Jesus saw that they were tired and hungry, so he sent his disciples to look for food nearby, and they returned with 2 fish, and 5 loaves of bread. Jesus gave thanks for the food and lifted it up to Heaven. He blessed it and gave it to the disciples to give out to the crowd.

From the 5 loaves of bread and two fish, everyone was able to eat and there were leftovers enough to fill twelve baskets. This was how Jesus was able to feed 5000 people.

LESSON:
This shows the power and the love that the Lord has for His people. If we are willing to lay down our plans and worries to Jesus, no matter how little, He will be able to perform a miracle.

Ο ΙΗΣΟΥΣ ΘΕΡΑΠΕΥΕΙ ΤΟΝ ΤΥΦΛΟ ΑΝΔΡΑ

Jesus Heals the Blind Man

Ιωάννης 9

Καθώς ο Ιησούς και οι μαθητές του ταξίδευαν μια μέρα, συνάντησαν έναν άνθρωπο που ήταν τυφλός από τη γέννησή του.

Ο Ιησούς τους εξήγησε ότι ο Θεός επέτρεψε σε αυτόν τον άνθρωπο να είναι τυφλός ως απόδειξη των έργων του Θεού.

Ο Ιησούς θεράπευσε τον άνθρωπο τρίβοντας λάσπη στα μάτια του. Όταν ο άνδρας έπλυνε τα μάτια του, μπόρεσε τελικά να δει.

ΜΑΘΗΜΑ:

Ο Θεός είναι ικανός να θεραπεύσει. Ο Ιησούς θεράπευσε τον τυφλό ως επίδειξη της θεραπευτικής δύναμης του Θεού. Ο Ιησούς είναι το φως του κόσμου. Όσο ζούσε στη γη, έκανε τα έργα του Πατέρα Του που τον έστειλε εκεί.

John 9

As Jesus and his disciples were travelling one day, they came across a man who was blind since birth.

Jesus explained that God allowed this man to be blind as a demonstration of the works of God.

Jesus healed the man by rubbing mud into the man's eyes. When the man washed his eyes, he was finally able to see.

LESSON:

God is able to heal. Jesus healed the blind man as a demonstration of God's healing power. Jesus is the light of the world. While he was alive on the earth he did the works of His Father who sent him.

Η ΙΣΤΟΡΙΑ ΤΟΥ ΧΑΜΕΝΟΥ ΠΡΟΒΑΤΟΥ

The Story of the Lost Sheep

Λουκάς 15

Στο Ισραήλ, υπήρχε μια ομάδα ανθρώπων που ονομαζόταν Φαρισαίοι, οι οποίοι γνώριζαν πολύ καλά τον λόγο του Θεού. Ωστόσο, στους Φαρισαίους δεν άρεσε ο τρόπος με τον οποίο ο Ιησούς έτρωγε με αμαρτωλούς και το γεγονός μάλιστα ότι τους επέτρεπε να Τον ακολουθήσουν.

Έτσι, ο Ιησούς μοιράστηκε μια συγκεκριμένη παραβολή για να βοηθήσει τους Φαρισαίους να καταλάβουν το γιατί. Ο Ιησούς τους ρώτησε: «Αν ένας βοσκός έχανε ένα πρόβατο από τα εκατό, θα ήταν δίκαιο να αφήσει τα άλλα πρόβατα για να ψάξει το χαμένο; Ο βοσκός γνωρίζει ότι τα 99 πρόβατα θα μπορούσαν να επιβιώσουν μαζί χωρίς τη βοήθεια του βοσκού για λίγο, αλλά ένα μόνο πρόβατο δεν μπορεί να επιβιώσει μόνο του».

Ο Ιησούς είπε ότι όταν ένα πρόβατο βρεθεί ή επιστρέψει, ο βοσκός θα γιορτάσει. Με τον ίδιο τρόπο που η αγάπη του Θεού για τον καθένα μας είναι τόσο μεγάλη που θα ψάξει για τον καθένα μας και θα χαρεί όταν βρεθούμε. Αυτός είναι ο λόγος για τον οποίο οι Ουρανοί πανηγυρίζουν όταν ένας αμαρτωλός μετανοεί.

ΜΑΘΗΜΑ:
Όπως όλοι γνωρίζουμε - όλοι οι άνθρωποι επιτελούν αμαρτίες. Αλλά ο Κύριος δεν μας εγκατέλειψε ποτέ και δεν θα μας εγκαταλείψει ποτέ. Η αγάπη Του καλύπτει όλες τις αμαρτίες μας και εφόσον μετανοήσουμε, μπορούμε να επιστρέψουμε σ' Αυτόν στον ουρανό, επειδή η χάρη του Κυρίου είναι επάνω μας.

Luke 15

In Israel, there was group of people called Pharisees, who were very knowledgeable about the word of God. However, the Pharisees did not like how Jesus would eat with sinners and even allow them to follow Him.

So, Jesus shared a certain parable to help the Pharisees understand why. Jesus asked them "If a shepherd lost one sheep out of a hundred, would it be fair to leave the other sheep to look for the missing one? A shepherd knows that the 99 sheep would be able to survive together without the help of the shepherd for a while, but a single sheep cannot survive on its own."

So, Jesus said that when a sheep is found or returns, the shepherd would celebrate. In the same way that God's love for each one of us is so great that He will search for each of us and rejoice when we are found. This is why the Heavens celebrate when a sinner repents.

LESSON:
As we all know; all humans perform sin. But the Lord has never, and will never abandon us. His love covers all our sins and as long as we repent, we can come home to Him in heaven, because the grace of the Lord is upon us.

Η ΣΤΑΥΡΩΣΗ ΚΑΙ Η ΑΝΑΣΤΑΣΗ ΤΟΥ ΧΡΙΣΤΟΥ

The Crucifixion and Resurrection of Christ

Ματθαίος 27-28

Μια μοιραία ημέρα, οι στρατιώτες έφεραν τον Ιησού ενώπιον του Πόντιου Πιλάτου, του τότε κυβερνήτη. Αυτός ρώτησε τον Ιησού «Είσαι ο βασιλιάς των Ιουδαίων;», και ο Ιησούς απάντησε «Ναι, είμαι». Ο Πιλάτος άκουσε τα παράπονα του λαού, αλλά έκρινε ότι ο Ιησούς ήταν αθώος. Το είπε στους αρχιερείς, τους άρχοντες και τον λαό και τους είπε ότι δεν βρήκε κανένα λόγο να τον σκοτώσει. Ωστόσο, ο λαός απαιτούσε έντονα να τιμωρηθεί ο Ιησούς και υποκύπτοντας στην πίεση του λαού, ο Πιλάτος επέτρεψε στον λαό να πάρει αυτό που ήθελε.

Οι στρατιώτες έβαλαν τον Ιησού να φορέσει έναν παλιό βασιλικό χιτώνα και τοποθέτησαν στο κεφάλι του ένα ακάνθινο στεφάνι και τον χλεύασαν επειδή αποκαλούσε τον εαυτό του βασιλιά των Εβραίων. Έβαλαν τον Ιησού να κουβαλήσει τον σταυρό στην πλάτη του μέχρι την κορυφή ενός λόφου, όπου τον κάρφωσαν στον σταυρό και τοποθέτησαν στην κεφαλή του μια πινακίδα που έγραφε «Ιησούς από τη Ναζαρέτ, Βασιλιάς των Εβραίων».

Αφού πέθανε ο Ιησούς, τοποθέτησαν το σώμα του σε έναν τάφο που ήταν φραγμένος από μια πολύ μεγάλη πέτρα. Ωστόσο, τρεις ημέρες αργότερα, η Μαρία Μαγδαληνή και η Μαρία, η μητέρα του Ιησού, επισκέφθηκαν τον τάφο του. Εκείνη την ημέρα έγινε ένας μεγάλος σεισμός και είδαν ότι η πέτρα στον τάφο του Ιησού είχε φύγει και οι στρατιώτες είχαν λιποθυμήσει.

Matthew 27, 33-56

One fateful day, the soldiers brought Jesus before Pontius Pilate, the governor at the time. He asked Jesus "Are you the king of the Jews?", and Jesus replied "Yes, I am". Pilate listened to the complaints of the people but found Jesus to be innocent. He told the chief priests, the rulers, and the people, and told them that he had found no reason to kill him. However, the people strongly demanded that Jesus be punished, and giving in to the pressure of the people, Pilate allowed the people to get what they wanted.

The soldiers made Jesus wear an old royal robe and placed on his head a crown of thorns and mocked him for calling himself the king of the Jews. They made Jesus carry the cross on his back all the way to the top of a hill where they nailed him to the cross and placed a sign at its head that read "Jesus of Nazareth, King of the Jews".

After Jesus died, they placed his body in a tomb that was blocked by a very big stone. However, three days later, Mary Magdalene and Mary, the mother of Jesus, visited his tomb. On that day, a great earthquake happened and they saw that the stone to the tomb of Jesus was gone, and the soldiers had fainted.

An angel came to them and told them of the good news that Jesus had risen from the dead! On their way back, Jesus met them and told them "Do not

Ένας άγγελος εμφανίστηκε σε αυτές και τους είπε τα καλά νέα ότι ο Ιησούς είχε αναστηθεί από τους νεκρούς! Καθώς επέστρεφαν, ο Ιησούς τους συνάντησε και τους είπε: «Μη φοβάστε. Πηγαίνετε και πείτε το στους αδελφούς μου στη Γαλιλαία, εκεί θα με δουν.» Και όπως ακριβώς είχε υποσχεθεί ο Ιησούς στους μαθητές του, αναστήθηκε από τους νεκρούς την τρίτη ημέρα μετά το θάνατό του.

ΜΑΘΗΜΑ:
Ο Κύριος είναι πιστός στις υποσχέσεις Του και στα λόγια Του. Γιατί ο Θεός αγάπησε τόσο πολύ τον κόσμο, ώστε έδωσε τον ένα και μοναδικό Υιό του. Όποιος επιλέξει να πιστέψει σ' Αυτόν, δεν θα τιμωρηθεί για την αμαρτία του, αλλά αντίθετα θα έχει αιώνια ζωή.

be afraid. Go and tell my brothers to Galilee, there they will see me.", and just as Jesus promised to his disciples, he rose from the dead on the third day after his death.

LESSON:
The Lord is faithful to His promises and His words. For God loved the world so much, that He gave his one and only Son. Whoever chooses to believe in Him will not be punished for their sin, but will instead have everlasting life.

Η ΙΣΤΟΡΙΑ ΤΗΣ ΑΠΟΚΑΛΥΨΗΣ

The Story of Revelation

Το βιβλίο της Αποκάλυψης

Ένας από τους αποστόλους του Ιησού, ο Ιωάννης, είδε πολλά σπουδαία πράγματα για το μέλλον. Του προβλήθηκαν πολλά σημάδια και θαύματα, τρομακτικά και θαυμαστά. Ο Ιωάννης είδε την Αγία Πόλη, τους αγγέλους, τον Νέο Ουρανό και τη Νέα Γη.

Το βιβλίο της Αποκάλυψης περιγράφει τον Ιησού ως ένα πανίσχυρο λιοντάρι και ένα ευγενικό αρνί που σφαγιάστηκε για τις αμαρτίες μας.

Ο Θεός υπόσχεται ότι τα ονόματα όσων πιστεύουν σ' Αυτόν θα γραφτούν σε ένα ειδικό βιβλίο που ονομάζεται Βιβλίο Ζωής του Αρνίου. Ο Ιησούς Χριστός θα επιστρέψει και εκείνοι των οποίων τα ονόματα είναι γραμμένα στο Βιβλίο της Ζωής θα περάσουν την αιωνιότητα μαζί Του.

ΜΑΘΗΜΑ:
Αυτό το βιβλίο μας υπενθυμίζει ότι ο Ιησούς θα επιστρέψει και πρέπει να είμαστε έτοιμοι γι' Αυτόν. Ο Θεός έχει ένα σχέδιο για τον κόσμο και θα μπορέσουμε να περάσουμε την αιωνιότητα μαζί Του αν τα ονόματά μας είναι γραμμένα στο βιβλίο της ζωής του Αρνίου.

The Book of Revelation

One of Jesus's apostles named John, was shown many great things about the future. He was shown many signs and wonders, both scary and wonderful. John was shown the Holy City, the angels, the New Heaven, and the New Earth.

The book of Revelation describes Jesus as both a mighty lion and a gentle lamb who was slain for our sins.

God promises that those who believe in Him will have their names written in a special book called the Lamb's Book of Life. Jesus Christ will return and those whose names are in the Book of Life will spend an eternity with Him.

LESSON:
This book reminds us that Jesus is coming back and we should be ready for Him. God has a plan for the world and we will get to spend eternity with Him if our names are written in the Lamb's Book of Life.

www.lingvitokids.com

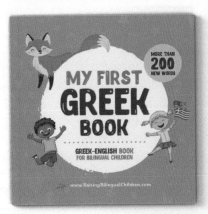

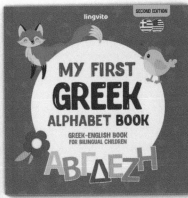

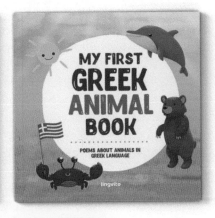

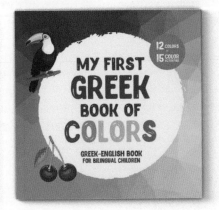

GREEK-ENGLISH BILINGUAL BOOK SERIES

Scan me

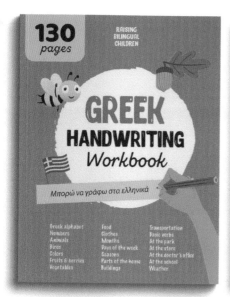

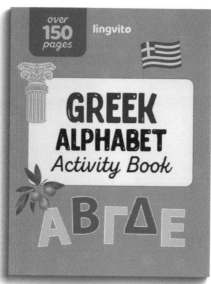

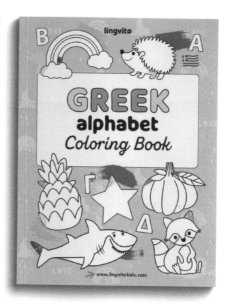

available at

lingvito

Follow us on **Instagram**
@bilingual_kids_edu

Thank you very much

It would be amazing if you wrote
an honest review on Amazon!
It means so much to us!

Questions?
Email us
hello@lingvitokids.com

www.lingvitokids.com

Edition 1.1 - Updated on May 22, 2024